LETTRE

À

L'AUTEUR DE L'AMBIGU,

Avec des Observations sur les faux Principes et les faux Raisonnements qui se trouvent dans les Discours du Citoyen Fontanes, *concernant le nouveau Code civil de France, et les prétendus Droits du nommé* Napoléon Buonaparté.

A Cambridge, le 12 *Juin* 1804.

Monsieur,

Je viens de lire dans votre 39me. numéro deux discours du citoyen *Fontanes*, président de l'assemblée qui se dit en France *le corps législatif*, qui m'ont paru renfermer autant de contradictions et d'inconséquences que d'expressions révolutionnaires, autant de bévues philosophiques que de préventions ridicules ; et je vous avoue que j'ai peine à reconnaitre dans ce discoureur la même personne que le citoyen

citoyen *Fontanes* dont quelques journaux Français nous ont parlé si souvent comme d'un *grand génie*, d'un grand poëte, d'un grand orateur, d'un savant et profond raisonneur. Si cependant il était vrai que ce fut le même *Fontanes*, ne faudrait-il pas, ou que les journaux qui lui ont donné tant de fausses louanges, aient été rédigés par lui et par ses amis; ou que, semblable à tant d'autres *grands génies* de son espece, il ait perdu tout esprit de discernement, toute idée de justice, de prudence et de vérité, en se mettant au service de la révolution? En effet, examinons d'abord le discours prononcé par le citoyen *Fontanes*, le 24 Mars dernier, devant *le corps* dit *législatif*, à l'occasion du nouveau *code civil* qu'on a préparé pour les glorieux sujets du Buonaparté. Le voici, phrase à phrase, tel qu'il est rapporté dans votre 39me numéro.

Iere Phrase.— *Une grande entreprise, conçue vainement par* Charlemagne, *est enfin terminée.*

Observation.—Quel extravagant début! quel rêve supérieur à tous les rêves de M. l'archevêque de Tours! Ce prélat, par un triste effet de la décrépitude de son âge, s'était avisé de comparer *Buonaparté* à *Charlemagne*, et tout le monde en avait ri de pitié. Mais que le citoyen *Fontanes*, dans la vigueur et la sublimité de son génie, prétende placer au-dessus de cet Empereur immortel, les auteurs d'un *code* qui à peine est achevé, et dont on n'a fait encore ni aucune épreuve, ni aucun usage: qu'il prétende donner plus de mérite et plus de gloire au travail de quelques légistes inconnus, qu'aux entreprises et aux succès de *Charlemagne*, qui civilisa tant de peuples barbares, en les soumettant aux lois les plus justes, les plus sages et les plus convenables pour les temps et les circonstances; qui fonda, pour ainsi dire, la saine morale

en

en Europe, par des capitulaires concertés avec la religion que le ciel fit descendre sur la terre pour le bonheur des hommes, n'est-ce pas porter la platitude et la bassesse des adulations révolutionnaires jusqu'au dernier degré ?

2me. Phrase.—*Les anciens peuples de la Gaule réunis en une seule famille, vivront désormais sous les mêmes lois, suivront la même destinée.*

Observation.—Ne dirait-on pas que les *anciens Gaulois* vont renaître de leurs cendres, et sortir du tombeau, à la voix du citoyen *Fontanes*, pour venir tous ensemble revivre au milieu d'un peuple, qui tantôt massacre ses rois pour se forger un fantôme de république, tantôt se détermine à placer sur un trône le plus vil et le plus criminel des aventuriers ? Ah ! s'ils reparaissaient dans la France actuelle, ces anciens Gaulois si fiers de leur origine, si loyaux et si religieux, ils s'empresseraient bientôt de rentrer sous la tombe, à l'aspect de leurs lâches descendants ! Quoi ! leur diraient-ils, il vous faut *un Corse* pour vous gouverner ! et vous l'appelez, et vous le préférez à l'auguste maison qui naquit avec la France, et qui la couvrit de gloire pendant plus de huit siècles ? Non, non, race dégénérée, vous n'êtes plus digne de nous, et nous aimons mieux nous replonger sous les ombres de la mort, que de partager vos bassesses et vos infamies.—Mais cependant ne nous arrêtons pas plus long-temps sur cette ridicule expression du citoyen *Fontanes*, et demandons lui s'il ne prend pas ici le même style, s'il ne donne pas les mêmes assurances que tous les promulgateurs des nouveaux codes, qu'on a fabriqués, par douzaine, depuis le commencement de la révolution jusqu'à ce jour ? Tous n'ont-ils pas dit, que chacun de ces codes alloit *réunir tous les Français dans une seule famille ;* que cette famille désormais *une et indivisible* jouirait d'un bonheur éternel? Cependant, qui pourrait aujourd'hui, non-seulement retrouver tous ces recueils d'extravagances, mais encore en soutenir la lecture? C'est un calcul reconnu et avéré, que plus de trente mille lois ont été faites en France depuis 1789 jusqu'à ce moment, sans y comprendre le nouveau *code civil.* Ainsi donc, que le citoyen *Fontanes* nous permette d'attendre l'accomplissement de ses prophéties, pour y croire.

3me. Phrase.—*Les systêmes politiques peuvent par leur variété causer, même au sein de l'état, une diversité d'opinions contraire à sa stabilité.*

Observation.—Je n'examinerai pas si un code de lois peut être appelé un *systême politique,* parce que des lois ne doivent pas être des systêmes, mais des regles formées par une raison lumineuse, incontestable, évidente. Mais quand cette expression ne serait pas impropre, le citoyen *Fontanes* pourrait-il nous prouver que ce sont les différentes coutumes des provinces de France qui ont nui à la stabilité de ce royaume? N'est-il pas certain au contraire que c'est pour en avoir bouleversé les coutumes et les lois fondamentales, qu'on y a occasionné tant de troubles, tant de crimes et tant de malheurs?

4me. Phrase.—*Le principe qui constitue la famille, fait le bonheur particulier, en affermissant la base sur laquelle pose le faisceau de toutes les familles.*

Observation.—Cette phrase est si sublime, ou si profondément obscure, qu'il faut la relire plus d'une fois, pour atteindre à toutes les beautés que le citoyen *Fontanes* a prétendu y renfermer. Mais lorsqu'on croit l'avoir comprise, on se demande à soi-même: quel est *le principe qui constitue chaque famille*

famille particuliere ? N'est-ce pas tout simplement l'union du pere et de la mere avec leurs enfants ? union formée par la nature, et par les sentiments de tendresse et d'affection qui furent attachés à l'essence de l'homme par son créateur ; sentiments qui se trouvent dans l'homme vivant avec sa compagne et ses enfants, loin de toute autre famille, comme dans les hommes réunis en société. Non, ce ne sont pas les législateurs des empires qui ont posé *le principe qui constitue les familles.* Toutes leurs lois se sont bornées à prendre les moyens nécessaires pour qu'une famille puisse vivre en société avec une autre famille, malgré l'intérêt personnel qui anime chacune d'elles ; pour que toutes les familles particulieres contribuassent au bonheur général par l'avantage qu'elles trouveraient en se rendant des services mutuels. Mais quoiqu'en dise le citoyen *Fontanes*, *le principe qui constitue la famille* individuelle, et qui fait son bonheur particulier, n'est pas le même principe que celui qui unit toutes les familles, et qui *affermit la base sur laquelle pose le faisceau de toutes les familles.* Ce qu'il appelle le faisceau de toutes les familles, et qui était si fort en France, avant que les mains sacriléges d'une troupe de factieux et de rebelles vinssent le briser, sera-t-il bien véritablement resserré par le nouveau *code*, qu'on annonce avec tant d'emphase ? Y verra-t-on remettre à leur place toutes les familles qui en ont été séparées avec tant de violence et tant d'injustice ? N'y en aura-t-il pas encore un très-grand nombre forcées de rester en exil, par les réglements que ce *code* prétendu *civil* a puisés dans l'âme de *Robespierre*, et dans la probité de *Barras*, en les retrouvant dans le cœur de *Buonaparté ?* Réglements qui les dépouillent à jamais de leur patrimoine, ou qui, pour leur laisser l'incertitude et la fausse espérance d'en aller mendier et ramasser quelques misérables restes, en exigent non-seulement

ment un parjure et la honte d'aller s'humilier devant leurs spoliateurs, mais encore l'obligation de les affermir dans leurs brigandages.—Ainsi donc, barbare philosophe, législateur de *Corses* et de corsaires, ce que tu appelles *le faisceau des familles*, n'est plus en France que le lien qui vous attache toi et tes semblables à vos rapines ; puisque tout ce que vous avez ravi en terres, en emplois, en habitations, à des milliers de familles aussi respectables par leurs vertus et par leur antiquité, que par les services qu'elles ont rendus à la patrie dans tous les temps, vos lois vous l'attribuent, vos lois vous en assurent la jouissance et la conservation !

5me. Phrase.—*Les institutions civiles se transmettent d'âge en âge, en tous lieux, et sont impérissables.*

Observation.— Quelle assertion inconsidérée ! quel étalage de mots contradictoires ! Quoi ! citoyen président, c'est au moment que vous formez un *nouveau code*, que vous renversez par ce *nouveau code* toutes les anciennes institutions de la France, qu'on vous entend assurer que *les institutions civiles sont impérissables ! qu'elles se transmettent en tous lieux d'âge en âge !* En vérité, c'est trop négliger votre réputation d'homme d'esprit, et si elle se transmet d'âge en âge, ce ne sera pas par votre discours devant les grands législateurs qui ont l'honneur de vous avoir pour président.

6me. Phrase.—*C'est ainsi que se recommande la mémoire de Justinien. L'empire Romain s'est écroulé, et parmi les ruines de ce vaste empire ont été recueillies les lois que Justinien a classées dans son code.*

Observation.—Nous reviendrons dans un moment sur la mémoire de *Justinien;* mais en attendant,

dant, qu'il nous soit permis d'observer qu'ici, comme plus haut, le citoyen *Fontanes* n'est occupé qu'à faire des phrases sonores, sans examiner ce qu'il a dit précédemment, et ce qu'il va dire ensuite. Il vient d'affirmer, à l'instant, que *les institutions civiles sont impérissables*, et le voilà qui nous rappelle que *l'empire Romain s'est écroulé*. Mais l'empire Romain n'était-il pas une institution civile ? et si *les institutions civiles sont impérissables*, pourquoi s'est-il écroulé ? pourquoi le *faisceau de toutes les familles* Romaines qui était *posé* sur des lois qui devaient *en affermir la base*, a-t il été rompu ? Pourquoi toutes ces lois ont-elles été incapables de soutenir ce grand édifice ? Ah ! toutes les pages de l'histoire nous l'apprennent ; c'est qu'elles ont été dégradées par des factieux et des pertubateurs qui prétendaient leur en substituer de meilleures ; c'est qu'elles ont été foulées aux pieds par cette espece d'hommes qui, à force de perversité dans l'esprit et de corruption dans le cœur, ne distinguant plus ni le juste ni l'injuste, brisent tous *les faisceaux* de l'ordre social, divisent les familles, bouleversent les empires, et prouvent sans cesse, mais malheureusement presque toujours sans fruit, qu'entre leurs mains tout ce qu'il y a de bon est *périssable*; c'est que Rome corrompue, avilie, abâtardie par les sophistes et les professeurs d'athéïsme, n'a pas rougi d'être gouvernée par des affranchis, des esclaves, des gladiateurs, des *soldats audacieux* s'élevant et tombant les uns sur les autres, par les empoisonnements et les assassinats.

7me. Phrase.—*Opprimés par nos systémes, nous l'étions encore par la différence de nos lois et de nos coutumes.*

Observation.—Toujours du verbiage sans fondement, et des critiques absurdes sur l'ancien gouvernement de la France, pour en imposer à la populace

pulace ignorante, et pour prévenir contre lui les étrangers qui ne le connaissaient pas. Quels sont donc les systèmes qui opprimaient les Français sous la monarchie ? Peut-on comparer en rien les chaînes qu'on leur a imposées, les vexations qu'ils ont souffertes, la honte de passer continuellement des mains d'un tyran dans celles d'un autre, depuis quinze ans, au joug léger et nécessaire qu'ils portaient précédemment, et qui, bien examiné d'ailleurs, était certainement encore moins onéreux que celui d'aucune autre nation ? De quelle manière était-on *opprimé* en France *par la différence des coutumes ?* Chaque province qui avait demandé à conserver les siennes, en se réunissant à la couronne, soit par convention, soit par conquête, s'en plaignait-elle ? *La Bretagne* était-elle opprimée, parce que *la Bourgogne* et *l'Artois* avaient quelques coutumes particulières ? Toutes les provinces au contraire n'ont-elles pas toujours prétendu conserver leurs coutumes et leurs priviléges. Qu'importait-il à une province qu'une autre province eût une coutume différente de la sienne ? Chaque procès n'était-il pas jugé en conséquence ? Chaque contrat de vente, chaque donation, chaque mariage, chaque testament n'était-il pas rédigé suivant l'usage et la loi ? Non, les Français n'étaient point opprimés par la différence des coutumes, et je m'en rapporte avec confiance à l'autorité d'un très-habile jurisconsulte, *M. de Ferriere*, doyen des docteurs régents de la faculté des droits de Paris, qui dit positivement dans son histoire du droit Romain:

" Comme les rois de France n'ont pas tant
" ambitionné de porter le titre glorieux de protec-
" teurs de la liberté, que de le mériter, après qu'ils
" eurent réduit tous les peuples des Gaules sous leur
" obéissance, ils permirent à ceux qui vivaient sous
" les lois Romaines, de continuer de s'en servir.
" Telles sont les provinces qui relevent des parle-
" ments de *Toulouse*, de *Bordeaux*, de *Grenoble*,
" d'*Aix*

" d'*Aix* et de *Pau*. Tels sont le *Lyonnais*, le *Forès*,
" le *Beaujolais*, et une grande partie de l'*Auvergne*.

" Comme les peuples," dit-il encore, " qui sont
" dans l'étendue de ces provinces, avaient peine à
" se soumettre à d'autres lois qu'à celles auxquelles
" ils étaient accoutumés, ils obtinrent de nos rois,
" *par une grâce particuliere*, la liberté de suivre le
" droit Romain dans les choses qui ne seraient pas
" décidées dans les ordonnances."

Voilà donc encore, de la part du citoyen Fontanes, une de ces vaines et puériles déclamations révolutionnaires, qui tombent devant le premier regard d'un observateur judicieux et impartial.

8me. Phrase.—*Cette tyrannie va cesser.*

Observation.—Quoi ! citoyen président, depuis quinze ans qu'on entend retentir dans toutes les parties de la France le mot *liberté*, qu'on lui élève des monuments et des arcs de triomphe, la *tyrannie* y existe encore ! Et c'est votre code seul qui va la faire *cesser !* Ah ! dites, dites plutôt que semblables à vos devanciers dans la carriere de la révolte, et dans le chaos où ils ont plongé l'empire le plus tranquille et le mieux réglé, vous allez mettre, comme eux, *la tyrannie* à la place de la liberté, la discorde à la place de l'union, la violence à la place de la justice. Dites que les familles fondées, appuyées, conservées par telle ou telle coutume, vont être appauvries, divisées ou détruites par vos innovations. Dites que tout votre but est d'anéantir tous les contrats, tous les titres des anciennes familles, pour en fabriquer de nouveaux, que vous présenterez ensuite comme les fondements de vos droits sur les biens que vous avez ravis ; et pour placer d'insolents parvenus dans des domaines et des châteaux, où plus d'une fois ils avaient sollicité et reçu les secours de la charité : Tel celui qui, d'une

école

école protégée par vos rois, et dont il n'était pas digne, prétend passer sur leur trône, et le transmettre à sa race impure.

9me. Phrase.—*L'esprit antique et l'esprit moderne se sont réunis pour exécuter ce grand ouvrage.*

Observation.—Encore une inconséquence, citoyen Fontanes ! encore une inconséquence ! Vous n'y pensez donc pas ? Car si l'esprit antique était un esprit de tyrannie, si les lois anciennes étaient oppressives, pourquoi l'esprit moderne va-t-il *s'y réunir ?* pourquoi appelez-vous un *grand ouvrage* le fruit d'un amalgame si opposé ? N'est-ce pas ternir l'éclat et la fluidité de votre esprit moderne par la grossiereté de l'esprit antique ?

10me. Phrase.—*Si l'on y découvre quelques taches, les sages sont là pour les effacer, et assurer au code perfectionné une durée éternelle ; car la raison et la justice sont indestructibles.*

Observation.—J'avais cru remarquer un trait de modestie dans ces paroles du citoyen *Fontanes: si l'on découvre quelques taches* dans le nouveau code—mais quand il ajoute aussitôt après : *les sages sont-là pour les effacer,* ne donne-t-il pas une nouvelle preuve de sa ressemblance avec les premiers charlatans révolutionnaires, et de l'adoption qu'il a faite de leur langage ? Car sans savoir ce qu'il entend par ce mot si éloquent, par ce mot qu'inventa je ne sais lequel des tribuns du peuple et des orateurs de carrefours : *les sages sont là* : sans savoir, dis-je, dans quelle partie de la France se trouvent *les sages qui sont là,* si c'est à *Paris,* à *St. Cloud,* à *la Malmaison,* au lieu des séances du *corps législatif,* ou dans l'anti-chambre de Sa Majesté l'Impératrice *Joséphine,* ces *sages* qui *sont là,* ne peuvent ils pas être

être mis au Temple, d'un moment à l'autre, envoyés à la Guiane, compris dans quelque conspiration vraie ou supposée ? Ces *sages* qui *sont là*, ne sont-ils pas mortels ? et alors les *taches* du nouveau code ne resteront-elles pas *là* où elles se trouvent ? Et alors ce code qui n'aura pas été perfectionné aura-t-il une *durée éternelle ?* sera-t-il toujours *là ?* Oui, sans doute, répond le citoyen président, parce que *la raison et la justice sont indestructibles.* Ah ! plût au ciel qu'elles le fussent en effet chez tous les hommes et dans tous les empires ! plût au ciel qu'elles n'eussent jamais été méconnues dans le royaume où elles avaient brillé si long-temps ! dans le royaume où tant de grands génies, guidant leur raison par les lumieres de la foi, ont produit tant de chefs-d'œuvres dans tous les genres ! Mais les esprits pervers qui se sont dit des *sages*, et qui prétendaient *être là* pour donner à la France des lois d'une *durée éternelle*, ont été si privés de toute *raison* et de toute *justice*, qu'à la place des lois qui avaient été respectées et suivies pendant des milliers de siecles, ils n'ont mis que les rêves de leur imagination égarée ; et qu'en se précipitant les uns sur les autres pour s'arracher *philosophiquement* le pouvoir de fabriquer de *nouveaux codes*, la seule chose qu'ils aient dite de *raisonnable*, c'est de s'appeler tour à tour des perturbateurs et des insensés. Je n'ai pas besoin d'entrer ici dans aucun détail. Quiconque a suivi la marche et les progrès de l'affreuse catastrophe du royaume de France, se rappelle tous les faits dont je veux parler. Ainsi donc, le citoyen *Fontanes* et ses associés ont beau publier que leur nouveau code aura *une durée éternelle*, je ne puis me persuader qu'ils *seront* toujours *là* pour le soutenir ; je ne puis me persuader que *leur raison* qui n'est pas celle qui convient à tout le monde, que *leur justice* qui n'est que le regne de la violence, soient plus indestructibles que ce qu'il plaisait aux premiers perturbateurs de présenter aussi comme *l'ouvrage de la raison et de la justice.* Car en effet que sont-ils devenus tous ces chefs de la révolte, et qu'ont-ils fait de tous les décrets qu'ils fabriquèrent avec tant de vanité et tant d'agitations sur leurs tréteaux politiques ? Tels que ces feux nocturnes, sortis de l'infection des marais, qui se dissipent un instant après leur apparition : tels sortis de la poussière pour éblouir un moment les yeux de la populace, ils y sont retombés pour *rester là ;* et chaque fois qu'on va rechercher leurs noms et leurs œuvres dans l'obscurité qui les couvre, c'est pour les livrer aux anathèmes et à la dérision de tous ceux qui savent encore ce que c'est que *la raison et la justice.*

11me. Phrase.—*Le code Justinien regne après mille ans ; par un plus grand nom le code de Buonaparté ne périra jamais.*

Observation.—Quelle puérile et folle adulation! Comparer un code fabriqué sous le consulat de *Buonaparté,* et qui à peine est achevé, comme nous l'avons remarqué, un code dont on n'a fait encore ni aucune épreuve, ni aucun usage, à celui de Justinien ! Le comparer à ce recueil de tant de lois, de tant de constitutions, de tant d'ordonnances impériales, de tant de jugements, de tant de regles de droit, qui fut reçu avec applaudissement par l'Europe, qui a toujours été cité au barreau, toujours enseigné dans les écoles publiques, toujours regardé comme la source des véritables principes de jurisprudence, toujours le fondement d'une grande partie des coutumes de la France et des ordonnances de ses rois ! S'imaginer que non-seulement dans mille ans on parlera de ce nouveau code, mais que le nom d'un *Corse,* dont l'existence est aussi incertaine que détestée, le rendra *impérissable ?* En vérité, citoyen *Fontanès,* l'exagération est trop forte, et si les cent mille

mille livres de rente que Buonaparté vous a données, pour publier des discours à sa louange, ne vous avaient pas fait tourner la tête par la jouissance de cette fortune inattendue, comme vous avez retourné vos sentiments par l'appât d'un vil intérêt, on croirait que vos adulations sont autant d'ironies.

Mais cependant, citoyen président, comme en tout et partout je me suis fait un devoir d'être juste, je conviendrai avec vous qu'il se trouve déjà quelques traits de ressemblance entre l'Empereur *Justinien* qui mourut il y a douze siecles et demi, âgé de plus de 83 ans, après en avoir régné près de 40, et votre *Buonaparté* qui, pour me servir d'une expression reçue en France, n'est encore qu'un Empereur *en herbe*. Les voici :

" Le Pape *Agapet* s'étant rendu à Constanti-
" nople pour tâcher de reconcilier *Théodat* Roi
" d'Italie avec l'Empereur *Justinien*, celui-ci le me-
" naça de l'envoyer en exil, s'il ne communiquait
" avec *Anthime*, patriarche de Constantinople, re-
" connu pour hérétique."—Ainsi Buonaparté a menacé *Pie VII*. de l'expulser de Rome, comme *Pie VI*. l'avait été, s'il ne se hâtait de placer des évêques schismatiques sur des siéges non-vacants. Toute la différence entre ces deux événements, c'est que le Pape *Agapet* répondit à Justinien avec une fermeté digne d'admiration : *A la place d'un Prince chrétien vers lequel je croyais être venu, je trouve un Dioclétien ;* et cette vigueur apostolique contraignit *Justinien* de substituer un prélat orthodoxe à l'hérétique. Au lieu que malheureusement la vertu de *Pie VII*. n'a pas été aussi courageuse que celle d'*Agapet*, et *le Corse* est resté un *Dioclétien*.

" Depuis cet acte de justice accordé au Pape *Aga-*
" *pet* par *Justinien*, cet Empereur retomba dans ses
" erreurs, persécuta d'autres Papes, *Silverius* et *Vi-*
" *gile ;* et il publia un écrit en forme de consti-
" tution sur des questions théologiques, qui occa-
" sionna

" sionna de grands troubles dans l'église."—Ainsi *Buonaparté* persécuta *Pie VI.*, en allant en Egypte se déclarer Musulman, en imposa ensuite à *Pie VII.*, à force de ruses et de violences, et sema la discorde dans l'église de France par des *conventions* fallacieuses.

" *Justinien* persistant avec obstination dans ses
" erreurs, et se disposant à les soutenir par un nou-
" vel édit, fut arrêté dans ses desseins criminels par
" une mort subite."—Ici finit la comparaison, mais qui répondra que le ciel, fatigué de tous les crimes dont il est témoin, ne voudra pas la réaliser un jour, et que tous les projets qui étonnent l'univers par leur sacrilége audace, ne seront pas dissipés avec toute la rapidité, l'éclat et la terreur d'un coup de foudre?

J'ai passé sous silence un autre objet de comparaison entre *Buonaparté* et *Justinien*, parce que tous les bruits publics ne sont pas toujours vrais, et qu'il faut respecter les *Impératrices :* c'est que la femme de *Justinien* avait la réputation d'une *Messaline.*

12me. Phrase.—*Heureux ceux qui voient leur nom inscrit sur le frontispice de ce grand monument*

Observation.—Toujours un bonheur parfait, citoyen *Fontanes*, et dont personne ne parle que les orateurs qui le promettent! Toujours des *monuments* impérissables, et qui ne sont pas encore sortis de la main de vos architectes! toujours des noms qui seront inscrits sur des *frontispices*, et qu'on ne voit nulle part! Ne dirait-on pas que vous avez ramassé les discours antiques du citoyen *Camus*, qui des archives nationales, dont il était le gardien, n'ont fait

. . . . *qu'un saut chez l'épicier ?*

Boileau.

Je

Je les appelle *antiques*, tant il s'est passé d'événements depuis qu'ils sont tombés dans l'oubli. Frappé, ravi, enthousiasmé de la beauté des lois de l'assemblée *constituante*, tel que vous l'êtes aujourd'hui des merveilles de votre nouveau code, le citoyen *Camus* publiait que tous les habitans du globe terrestre viendraient en France pour les admirer. Il en porta respectueusement sur sa poitrine le précieux recueil, dont la garde lui était confiée, au milieu des grands législateurs, des grands *Fontanes* de ce temps-là, qui en étaient les auteurs; et tous, par un retour d'amour-propre et de félicitation mutuelle sur l'ouvrage de leur génie, se levèrent en s'écriant avec des transports de joie : *Vive la constitution ! vivent les pères conscrits ! heureux les citoyens dont les noms seront inscrits sur le frontispice de ce monument impérissable ! Gloire, honneur à la grande nation dont nous sommes les représentants, et qui jure d'être fidele aux nouvelles lois qu'elle accepte et qu'elle sanctionne !*

Et cependant, cependant hélas ! triste méprise de l'esprit humain ! quelques jours après, ce chef-d'œuvre *philosophique* fut mis en pieces par des *philosophes* d'un autre genre. Car dans ce siecle où les lumieres sont aussi variées qu'étendues, nous avons des *philosophes* de toutes especes, et chacun se fait à soi-même sa maniere de l'être, qu'il regarde toujours comme la plus parfaite. Tel, peut-être, aussi, citoyen *Fontanes, verrez-vous bientôt le nouveau code* si vanté par votre sublime éloquence, subir le même sort que les productions dont le citoyen *Camus* était le panégyriste ; et l'on dira de tous vos pompeux discours, de toutes les brillantes conceptions de votre *corps législatif*, ce que le bon Lafontaine nous a dit :

> D'une montagne en mal d'enfant :
> . . . .
> . . . .
> *Elle accoucha d'une souris.*
>
> Fable x, liv. v.

Voilà, Monsieur, les observations que j'ai cru devoir vous communiquer sur le discours du citoyen Fontanes au corps législatif. Actuellement je vais vous en soumettre encore quelques-unes sur le discours du même orateur, prononcé en présence de sa *nouvelle* majesté impériale, *Napoléon Buonaparté*. Elles auront peu d'étendue, et je n'abuserai pas aussi long-temps de votre temps et de votre patience que je l'ai fait dans celles-ci.

Observations sur le Discours adressé à Buonaparté, *par le Citoyen* Fontanes : *à l'Occasion du nouveau Code Civil.*

Je ne m'arrêterai pas sur toutes les inepties adulatoires bassement débitées par le citoyen Fontanes, devant la triste figure de *Napoléon premier*. Je ne veux examiner dans son discours que quelques fausses propositions, aussi fausses que ridicules, aussi dangereuses pour toutes les sociétés humaines qu'elles ont été funestes à la France.

1ere Proposition.—*Le double Droit de Conquérant et de Législateur*, dit-il, *a toujours fait taire tous les autres.*

Observation.—Je demande d'abord à ce publiciste si confiant dans ses oracles, ce qu'il faut être pour acquérir le droit de conquérant. Ne faut-il pas avoir le droit de faire des conquêtes ? Ne faut-il pas être une puissance souveraine et légitime ? Sans cela, certes, le conquérant n'est qu'un brigand, et la conquête un brigandage. Ce n'est pas l'acquisition d'un droit, c'est un crime, c'est un attentat, c'est une violation de l'ordre public, qu'il est permis, qu'il est glorieux même de repousser et de combattre à quiconque en a la force. Or, *Buonaparté* a-t-il a-t-il jamais eu le droit de conquérir la France ? Était-il une puissance légitime qui fût forcée de réclamer, les armes à la main, ce que la justice devait lui accorder ? A qui la France appartenait-elle quand il a prétendu en acquérir la domination ? L'auguste prince qui s'en disait le souverain légitime, et qui lui seul l'était en toute réalité, avait-il renoncé au trone de ses peres ? A ce trône possédé par eux pendant 800 ans ? Quoi ! parce qu'une troupe d'insolents rebelles, imposant silence par le bruit des chaînes et l'effrayant appareil des instruments de la mort, à tous les Français justes et vertueux qui désiraient le retour de leur monarque, s'opposaient à l'accomplissement de leurs vœux, la France pouvait-elle devenir la possession du premier occupant ? Et si la France consternée, abattue par la terreur et par le spectacle de tous les crimes et de tous les forfaits qui se multipliaient dans son sein, s'est laissée dominer par un chef de brigands, sous le nom de *Consul*, la France, cette même France, peut-elle être considérée comme un état conquis par un ennemi qui avait le droit de la combattre et de la soumettre ? Non, citoyen Fontanes, non ; la France ne peut pas être comparée à un état vaincu, qui a perdu ses droits, parce qu'elle ne pouvait en compromettre aucun de ceux que vous prétendez avoir été conquis par votre *Buonaparté* ; et si elle ne pouvait en perdre aucun, il est impossible que cet aventurier en ait conquis aucun sur elle.

Répondez-moi maintenant sur une autre question. S'il est impossible que *Buonaparté* ait conquis réellement aucun droit sur la France, a-t-il pu en conquérir sur le souverain légitime de cet empire ? N'aurait-il pas fallu encore pour cet effet qu'il eût le droit de combattre contre lui ? Or, seriez-vous assez audacieux, ou plutôt assez lâche et assez dégénéré pour le soutenir, vous qui êtes né Français ? Mais si le

D *Corse*

Corse n'avait aucun droit de combattre contre votre Roi, il n'avait donc aucun droit à conquérir sur lui. Croyez-vous d'ailleurs que jamais l'héritier de la couronne de France ait voulu combattre de maniere à faire décider de ses droits par la force des armes ? Non, vous dirai-je encore, non ; et si ce monarque s'est présenté sur les frontieres de la France par lui-même, par les Princes de son sang et par ses sujets fideles, ce n'était que pour délivrer son empire de la tyrannie des rebelles, et jamais pour laisser son trône au hasard d'une bataille. Qu'il ait été méconnu ou repoussé par les factieux et les rebelles, tout ce qui en résulte c'est que les factieux et les rebelles ont mis le comble à leurs crimes, sans que le monarque ait perdu aucun de ses titres et de ses *droits*.

Ainsi donc, citoyen Fontanes, vous n'êtes qu'un sophiste et un faux raisonneur, quand vous reconnaissez dans *Buonaparté le droit de conquérant* sur la France. Eût-il conquis le reste de l'univers, *les droits du souverain légitime restent sacrés* ; et j'en appelle à quiconque ne veut pas livrer le sort des empires et les destinées du genre humain à tous les misérables qui ne respirent que le trouble et les désordres, parce que, dans le néant de leur origine et de leur situation, ils n'ont rien à perdre et tout à gagner, si leur criminelle audace a des succès.

J'oubliais de demander au citoyen Fontanes ce que deviendrait le droit de conquérant qu'il accorde à *Buonaparté*, si quelque soldat courageux, se mettant à sa place, l'envoyait au *Temple*, à la *Guiane*, dans quelque *bateau à soupape*, ou chez *l'apothicaire de Jaffa* ? Ce droit, ce prétendu droit, ne passerait-il pas du vaincu sur la tête du vainqueur? Et si ce nouveau vainqueur était subjugué par un autre, ce même droit ne passerait-il pas au troisieme vainqueur, jusqu'à ce qu'un quatrieme vînt le lui ravir : restant toujours ainsi au dernier conquérant
de

de la même espece. Mais si tel est le moyen d'acquérir le droit de gouverner les empires, *il n'y a donc plus de droit parmi les hommes que celui du plus fort !* ou il n'y a plus de droit ; car la violence ne donne pas de droit. L'oppresseur est toujours un oppresseur ; l'opprimé est toujours un opprimé, et la dépendance dans laquelle l'oppresseur réduit l'opprimé, *sans aucun droit sur lui*, ne peut jamais ni devenir un titre légitime de domination pour l'oppresseur, ni se convertir en devoir pour l'opprimé. Sans cela je le redis, je le redirai sans cesse, on appelle à la domination des empires le crime et l'audace ; on les récompense de leurs forfaits ; on ruine les fondements de la paix, en prétendant qu'il faut leur céder *par amour de la paix*. Et qui que vous soyez, casuistes, politiques, publicistes, qui enseignez le contraire, vous détruisez toute moralité parmi les hommes ; vous ne faites de la société qu'un assemblage de bourreaux et de victimes ; vous méconnaissez tous les desseins de Dieu ; vous en outragez la grandeur et la sagesse. Car si Dieu souffre l'injustice sur la terre, il est impossible qu'il l'approuve ; il est impossible qu'il ait voulu qu'elle existât ; il est impossible qu'il ordonne de la regarder comme *un droit* pour quiconque a l'insolence de s'en faire le sujet d'un triomphe. Quelle est donc la stupide et sacrilége doctrine de tous ceux qui donnent à un usurpateur, couvert de crimes et de forfaits, publiquement souillé de la tache infâme d'apostasie, le saint titre d'*Envoyé de Dieu ?* Quelle est donc la stupide et sacrilége doctrine de tous ceux qui prétendent que Dieu a réprouvé les héritiers de Louis XVI ; de ce Roi si juste, si vertueux et si légitime : de ce Roi qui *ne fut mis à mort qu'en haine de la foi*, comme *Pie VI* l'a déclaré solennellement dans un consistoire ? Que Dieu, dis-je, les a réprouvés pour placer sur le trône de leurs peres, sur ce trône toujours occupé par des Rois très-chrétiens,

tiens, un homme sorti des mains de l'impiété et de la révolte ! un homme dont les conseils sont encore composés d'une partie des assassins de *Louis XVI !* un homme qu'une troupe d'impudens spoliateurs publient hautement n'avoir choisi pour leur chef, qu'afin qu'il puisse les soutenir dans la jouissance de leurs rapines ! tant il est vrai que l'iniquité se trahit toujours elle-même : *Mentita iniquitas sibi* (Ps.) " Quel autre gouvernement, disent-ils, que celui
" d'une famille dont la destinée est inséparable de
" la révolution, pourrait protéger la fortune d'un si
" grand nombre de citoyens, devenus propriétaires
" des domaines que la contre-révolution leur arra-
" cherait ?" (Lettre du sénat conservateur à Buonaparté.)

Mais, cependant, comme cette précaution ne suffisait pas à ce *sénat* de fripons qui veut être *conservateur* de ses rapines, il a statué, par un sénatus-consulte, du 18 Mai, que *Buonaparté* jurerait *sur l'évangile de soutenir l'irrévocabilité de la vente des domaines nationaux;* c'est-à-dire que *Buonaparté* jurera, sur le livre divin qui défend toute injustice, qui en ordonne la réparation la plus parfaite, d'être le protecteur de tous les torts qui ont été faits à une multitude innombrable de Français, dans leur personne et dans leurs biens ! et ce serment aussi digne du chef que de ses membres, devant qui sera-t-il prononcé ? devant les *archevêques et les évêques,* réunis à toute la bande des plus grands spoliateurs ! Non, Robespierre et les siens n'ont jamais insulté la majesté de Dieu avec une pareille audace. S'ils furent assez insensés pour en méconnaître l'existence, du moins n'ont-ils jamais prétendu la prendre à témoin de l'abominable vœu de persévérer dans le crime. O France ! qu'as-tu donc fait pour être abandonnée à de pareils dominateurs ? Ah ! je le sais ; tu as fait couler le sang de tes maîtres légitimes, sur le sang de tes vrais pontifes, et le ciel attend

que

que tu reviennes à ton devoir, pour te rendre ses bienfaits.

Suite de la même Observation.

Tous les raisonnements que je viens de faire contre le prétendu *droit de conquérant* attribué à *Buonaparté* par le citoyen Fontanes, sont applicables au *droit de législateur* dont il veut encore lui faire hommage, et, sans qu'il soit besoin de les répéter ici, il me suffira de dire en peu de mots: Comment pourrait-il se faire que *Buonaparté* eût en France le droit d'être législateur ? Ne faudrait-il pas pour cet effet qu'il fût le souverain légitime de la France ? Car sans souveraineté point d'autorité législative. Or, je dis qu'il est impossible de reconnaître *Buonaparté* pour le légitime souverain de la France, sans renoncer à tous les principes de la justice divine et de la justice humaine ; sans encourager le brigandage ; sans exciter au même triomphe tous les perturbateurs qui se croiront assez de force pour l'obtenir, comme nous l'avons déjà remarqué à l'égard des prétendus *droits de conquérant*. Donc il est impossible à tout homme raisonnable et judicieux de reconnaître en *Buonaparté* le droit de législateur ; donc le citoyen Fontanes n'est encore ici qu'un sophiste, un imposteur et le complice de toutes ces âmes vénales qui réduisent la France sous le joug d'un *Corse*, pour partager, avec lui, les dépouilles de la craintive innocence et de la probité fugitive.

Après cette attribution imaginaire du *droit de conquérant* et *de législateur* dans l'usurpateur *Buonaparté*, le citoyen Fontanes lui dit à lui-même :

2e Proposition.—*Vous avez vu ce double Droit confirmé dans votre Personne par le Suffrage national.*

Observation. — Je sais bien que la politesse Française ne permet pas de dire à une personne qui

assure

assure la réalité d'une chose dont on connait la fausseté : *Cela n'est pas vrai ; cela est faux.* Mais quand la publication d'une fausseté devient un scandale et une source d'injustices, tous les amis de la vérité doivent s'élever contre elle, et la dénoncer hautement comme une imposture. Je dirai donc, sans détour, au citoyen Fontanes : *Cela n'est pas vrai ; cela est faux.* Jamais ce qui, en France, comme chez tous les peuples civilisés, est nécessaire pour obtenir un suffrage national, *la liberté des opinions et la présence des gens de bien comme celle des grands propriétaires dans les délibérations,* n'a été mis en usage pour confirmer dans votre *Buonaparté, le double droit de conquérant et de législateur.* Ici, comme dans toutes les scenes qui se jouent, depuis quinze ans, sur le territoire de la France, des émissaires, des sbires vendus aux dominateurs du jour, semant la séduction et la terreur dans l'esprit des peuples, en ont arraché des voix et des signatures sans réflexion et sans maturité : voix et signatures radicalement nulles. Car il est impossible qu'un peuple, qui ne serait pas un peuple d'imbéciles et d'insensés, se livrât continuellement à des vœux contradictoires; qu'il applaudit continuellement à des formes de gouvernement destructives les unes des autres ; ou, s'il est en effet dans un tel état de stupidité et de délire, quelle autorité peut-on recevoir de son suffrage? Quelle gloire peut-il en revenir ? Ne nous parlez donc plus de *suffrage national,* ni pour le consulat de votre *Corse,* ni pour l'hérédité de l'empire dans une famille accourue, du fond de sa misérable chaumiere, au bruit de la révolte et du brigandage, pour ravir tout ce qui tomberait à sa disposition. Demain peut-être, tous ces nouveaux histrions qui jouent des rôles de *princes* et *d'empereur,* pour distraire la populace fatiguée de la représentation consulaire, seront ensevelis sous les ruines de leur théâtre postiche, avec les femmes perdues de mœurs et d'honneur qui

avi-

avilissent aussi les noms de *princesses* et *d'impératrice*, en l'ajoutant au leur ; et les acteurs et les actrices de cette ridicule parodie disparaitront au bruit des railleries et des sifflets de tous les spectateurs.

3me Proposition.—*Les Tempêtes politiques ont pu jeter quelques Sages eux-mêmes dans des Routes imprévues.*

Observation.—Quelle insupportable présomption ! Quelle incurable démence dans les chefs et les agents des bouleversements continuels de la France ! Des hommes qui se sont laissé emporter par des tempêtes politiques, soit qu'ils les aient excitées eux-mêmes, soit qu'ils aient été assez insensés pour marcher à la suite de leurs moteurs, étaient des sages ! Ils n'ont rien prévu, ni les troubles, ni les désordres, ni les crimes, ni les maux affreux dont leurs abominables complices ont inondé la France, *et ils étaient des sages !* de maniere qu'à les entendre, malgré toutes leurs erreurs et toutes leurs folies, malgré toutes les ruines dont ils se sont entourés, et le sang humain dont leurs vêtements sont encore empreints, c'est avec eux que résidait *la sagesse !* c'est avec eux qu'elle réside encore ! On n'en citerait pas un qui ait eu assez de courage et de probité pour s'avouer coupable et témoigner un repentir digne de pardon. On n'en citerait pas un qui, après avoir poussé le vaisseau de l'état sur des écueils qui en ont brisé la plus belle et la plus savante construction, ne se croie encore assez de lumieres et de sagesse pour en reprendre le gouvernail. Non : l'orgueil de *Satan* qui, terrassé et précipité au fond des enfers, déclare que *rien ne pourra le changer*, *ni le temps, ni le lieu*, (Milton) n'est pas plus odieux et plus extravagant que le leur, et la France a la patience de les souffrir ! et tous les souverains de l'univers ne se sont pas encore réunis pour arrêter les progrès d'une pareille

reille phrénésie, en garantir leurs peuples, et venger l'humanité des outrages qu'elle en reçoit tous les jours ! ! !

1me Proposition.—*Tandis que toutes les Voix de la Religion s'élèvent en votre faveur, Citoyen Consul, aux Pieds des Autels que vous avez relevés, vos Ennemis, (les Anglois) vous font outrager par quelques Organes de la Révolte et de la Superstition.*

Observation.—Ici, Monsieur, j'avoue que toutes les expressions connues sont au-dessous de mon étonnement, et que je ne sais comment dépeindre les transports de délire qui se passent dans l'esprit du citoyen *Fontanes*. Quoi ! Les Français qui sont restés en Angleterre, et qui persistent de la manière la plus pure, la plus noble, la plus généreuse et la plus nécessaire dans la fidélité qu'ils ont juré à leur Souverain légitime, sont *des rebelles !* Ils sont *des rebelles*, parce qu'ils ne vont pas fléchir le genou devant la monstrueuse idole formée de l'impur limon d'*Ajaccio !* Ils sont *des rebelles*, parce qu'ils ne vont pas demander pardon à un gouvernement aussi insolent que pervers, d'avoir conservé des principes de justice et d'honneur ! Quoi ! les Pontifes et les prêtres qui sont restés en Angleterre, parce qu'ils ne voulaient pas adopter les perfides innovations du Consul dans l'église de France ; parce qu'ils ne voulaient pas consacrer ses rapines sacrilèges et la spoliation des gens de bien, sont des *superstitieux* et des *rebelles !* Quoi ! les uns et les autres ne sont que les organes du gouvernement Anglais, dans les écrits que l'amour de la vérité, la haine du crime, la défense de la justice, le désir et l'obligation de travailler au retour du bon ordre, leur ont dictés ! Ah ! l'on voit bien ici que le citoyen *Fontanes*, mort à tout toût sentiment de droiture, de courage et de vertu, n'a pas même la faculté d'en supposer l'existence où elle se trouve, et que mesurant tous les cœurs sur le sien, il n'y découvre plus que les ressorts d'un vil intérêt et l'habitude de se soumettre à un joug étranger. Non, les Français qui résident en Angleterre, n'ont jamais été *les organes d'aucun des ennemis de la France*; et si, profitant avec reconnaissance des bienfaits d'un gouvernement hospitalier et généreux, ils forment sans cesse des vœux pour son repos et son bonheur, c'est dans la fidélité à leur Dieu et à leur Roi, dont ils se glorifient d'être les martyrs, qu'ils vont puiser toutes les impulsions, tous les motifs de leur conduite, de leurs écrits et de leurs discours.

5me et derniere Proposition.—*Tous les Français qui restent dans une Terre ennemie, se rendront tous les Jours la Destinée plus rigoureuse. Qu'ils cédent enfin à ce Mouvement irrésistible qui emporte l'Univers ; et qu'ils méditent en Silence sur les Causes de la Ruine et de l'Elévation des Empires.*

Observation.—Garde tes conseils pour les traîtres, les rebelles et les impies qui te ressemblent! Choisis pour ton maître l'enfant d'un peuple dont les Romains ne voulaient pas même tirer leurs esclaves ; et cherche une excuse à tes infamies, dans la fausse idée qu'un *mouvement irrésistible t'emporte et emporte avec toi l'univers !* Pleins de la foi de leurs peres, héritiers de leurs vertus et dignes de leur gloire, les Français qui restent dans cette île hospitaliere, ne *céderont* point à ce que tu appelles les rigueurs de la *destinée*. Loin de leurs pensées, loin de leur langage, l'affreuse doctrine de la fatalité que tu professes. Ils méditeront bien sans toi *sur les causes de la ruine et de l'élévation des empires.*

Mais plus sage et plus clairvoyant que toi, chacun d'eux se consolera, au sein de l'exil, en se disant de l'oppresseur actuel de la France, ce qui fort heureusement, s'est déjà dit avec tant de vérité de ses criminels précurseurs :

> J'ai vu l'impie adoré sur la terre ;
> Pareil au cèdre il cachait dans les cieux
>   Son front audacieux ;
> Il semblait à son gré gouverner le tonnerre,
> Foulait aux pieds ses ennemis vaincus :
> *Je n'ai fait que passer, il n'était déjà plus.*
>
>   RAC. ESTH.

Conclusion Générale.

Telles sont, Monsieur, toutes les observations que je m'étais proposé de vous soumettre, et je vous prie de me dire, s'il n'est pas juste d'en conclure, comme je l'ai annoncé, en commençant cette lettre : ou que le citoyen *Fontanes*, connu par des talents littéraires, n'est pas l'auteur des discours qui renferment tant de faux principes, et tant de faux raisonnements ; ou que le citoyen *Fontanes* a sacrifié ses lumières, sa plume et sa réputation à l'esprit de vertige, d'injustice et de cruauté qui a produit la révolution Française, qui en multiplie les scènes, qui en diversifie les acteurs, sans y mettre un terme ?

Je sais bien qu'il est possible que le citoyen *Fontanes* méprise au fond de son cœur, l'aventurier qu'il élève au-dessus de *Charlemagne* et de *Justinien* ; et que, semblable à *maître Renard*, ce ne soit que pour faire *lâcher* à ce *corbeau impérial* une partie de *la proie* qu'il *tient à son bec,* qu'il lui répète si souvent :

> *Vous êtes le phénix des Princes et des Rois.*
>   (Imitation de la FONTAINE.)

Je sais bien qu'il est très-possible encore que le citoyen *Fontanes*, emporté par *un mouvement irrésis-*

résistible vers cent mille livres de rente que *Buonaparté* lui a données, n'ait pas eu le temps d'en examiner la source ; de réfléchir sur la participation qu'il prenait à la violation de tous les principes de la justice sociale ; et qu'ébloui par l'éclat de sa nouvelle fortune, il se soit fait le chevalier de tous les *chevaliers d'honneur*, dont le premier serment est de jurer au grand fripon, qui est leur *grand maître*, de ne jamais rendre la portion des rapines qui leur est échue.

Mais quelle différence pour la gloire et la réputation du citoyen *Fontanes*, s'il avait consacré ses talents à soutenir les droits de son Souverain légitime ; à défendre la cause de la justice et de la vérité ; à démontrer que l'usurpation est toujours un crime, la résistance à ses entreprises toujours un devoir, et que les faux docteurs qui prétendent lui attribuer des droits, sont aussi coupables que les satellites qui la soutiennent les armes à la main ! Sortis d'un cœur pur, embellis par les sentiments d'une âme vertueuse, sans lesquels l'éloquence n'est jamais qu'un faux brillant, tous ses discours, tous ses écrits eussent été recherchés, eussent été admirés par les gens de bien de tous les temps ; tandis que les éloges qu'il prostitue à l'iniquité de l'usurpateur et de ses complices, périront avec tous ceux des auteurs pervers et faméliques qui, depuis quinze ans, vont s'anéantir tour à tour dans les tabagies pour lesquelles ils furent enfantés.

Que le citoyen *Fontanes* revienne donc de ses erreurs, et qu'il restitue aux belles lettres et à la cause de la justice tous les services dont il les a privées. Ou, s'il s'y refuse, qu'il entende tous les hommes pour qui la probité religieuse et sociale sont encore le trésor le plus précieux, lui dire avec indignation : " Acheve, acheve le rôle de tes perfidies, et
" mets le comble à tes bassesses. Va ramasser
" dans la forêt de *Vincennes* quelques gouttes du
" sang

" sang d'un héros, de ce sang si pur et si glorieux
" que *Saint Louis*, que *Henri IV*, que tous les an-
" ciens maîtres qui le lui avaient transmis, se fussent
" félicités de voir couler dans ses veines, et portes-
" les aux pieds de l'usurpateur qui le fit répandre.
" Qu'il en nourrisse son âme atroce, et qu'il en jette
" les restes dans la tienne ; tu en seras plus propre
" à célébrer ses forfaits d'une maniere digne de toi
" comme de lui-même. Mais souviens-toi bien qu'il
" n'en jouira pas davantage de la tranquillité qu'il
" cherche ; et que nuit et jour il verra, pour le tour-
" menter, l'impureté de son origine, la marche de
" son usurpation et la liste de ses crimes, tracées sur
" les murs du palais qu'il souille par sa présence.
" Souviens-toi bien, que la seule idée qu'il reste en-
" core sur la terre des hommes qui ne craignent pas
" de le dépeindre tel qu'il est aux yeux de la vertu,
" suffit pour ajouter aux remords qui le déchirent
" toutes les douleurs de l'humiliation qu'il mérite.
" Si tu en doutes, vois-le poursuivre, dans tous les
" lieux où sa rage peut pénétrer, l'innocence qui
" résiste à la perversité générale ; et redoubler ses
" fureurs contre les Français qui vivent encore de
" leur antique honneur, à mesure qu'il parait s'af-
" fermir sur son trône usurpé. Tant il est vrai que
" l'ombre seule de la vertu en impose aux tyrans, et
" les fait trembler sur les bords de l'abîme toujours
" ouvert sous leurs pas."

  Actuellement, Monsieur, je voudrais bien qu'il me fût permis, en terminant cette lettre, de faire une proposition au citoyen *Fontanes*, par rapport au buste de *Buonaparté*, qui doit être placé dans le lieu des assemblées du *Corps Législatif*. Je lui dirais d'imiter ces anciens peuples qui voulaient que les statues de leurs magistrats restassent couchées par terre, tant qu'ils étaient en place, parce que s'ils se rendaient coupables de prévarication, tout le monde avait la facilité d'aller fouler aux pieds leurs images,
de

de les couvrir de boue, et d'en briser toutes les formes.

Je lui dirais encore, que prétendez-vous faire de la triste figure du *Petit Corse*, soit en marbre, soit en bronze, soit en plâtre ? Croyez-vous qu'elle donnera plus de consistance à l'original, et plus de stabilité à l'esprit révolutionnaire qui l'enfanta dans les secousses de sa démence ? Croyez-vous qu'elle sera plus imposante et plus respectée que les bustes de *Mirabeau*, de la *Fayette*, de *Marat*, de *St. Fargeau*? *Que les arbres et les statues de la liberté? Que les déesses de la raison, les bonnets rouges, les tableaux des droits de l'homme*, tous placés dans les salles des assemblées législatives, dans les tribunaux, dans les municipalités, dans les églises, avec des harangues pompeuses, des inaugurations magnifiques, le concours immense d'un *peuple libre et régénéré*, l'approbation des armées, et les salves de canons mille fois répétées. Tel que tous ces monuments, tel que la mémoire de tous ces *grands hommes*, ne craignez-vous pas que le buste de *Napoléon* ne soit brisé par le *mouvement irrésistible qui emporte l'univers*, et qui, d'un moment à l'autre, vous emportera tous ensemble avec cette ridicule et fragile idole ?

Mais comme il est à présumer que le citoyen Fontanes ne suivra pas mon conseil, qu'il me permette du moins de lui envoyer, pour servir d'inscription au buste de Buonaparté, les vers d'un des meilleurs poëtes Français :

Un fourbe *audacieux, d'assez petit corsage,*
Fort ignoble et vilain de geste et de visage,
Prend son temps, et partout ce hardi suborneur,
S'en va chez les *Français s'établir Empereur* :
Qu'il arrive du ciel, et que voulant lui-même
Seul porter désormais le faix du diadême,
De lui seul il prétend qu'on reçoive la loi.
A ces discours trompeurs le monde ajoute foi.
L'innocente Equité honteusement bannie
Trouve à peine un désert où fuir l'ignominie.

Aussitôt

Aussitôt sur un trône éclatant de rubis,
L'imposteur monte orné de superbes habits.
L'orgueil, l'*impiété*, l'audace l'environnent :
Des traîtres, des brigands de leurs mains le couronnent ;
Tout fier il montre alors un front plus sourcilleux ;
Et le Mien et le Tien, deux freres pointilleux,
Par son ordre amenant les procès et la guerre,
En tous lieux de ce pas vont partager ta terre ;
En tous lieux, sous les noms de bon droit et de tort,
Vont chez elle établir le seul droit du plus fort.
Le nouveau roi triomphe, et sur ce droit unique
Bâtit de vaines lois un code fantastique.
Avant tout aux mortels prescrit de se venger,
L'un l'autre au moindre affront les force à s'égorger,
Et dans leur âme, en vain de remords combattue,
Trace en lettres de sang ces deux mots : Meurs ou tue.
Alors, ce fut alors, sous ce vrai Jupiter,
Qu'on vit naître ici bas le noir siecle de fer.
Le frere au même instant s'arma contre le frere.

. . . .
La soif de commander enfanta les tyrans.
. . . .
L'ambition passa pour la vertu sublime :
Le crime heureux fut juste, et cessa d'être crime.
On ne vit plus que haine et que division,
Qu'envie, effroi, tumulte, horreur, confusion.

Boileau. *Satire* xi.

FIN.

De l'Imprimerie de Cox, Fils, et Baylis, No. 75, Great
Queen-Street, Lincoln's-Inn Fields, à Londres.

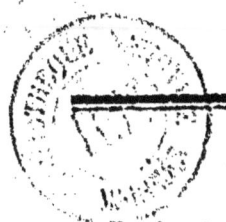

Lettre à L'Auteur de l'Ambigu, *avec des Observations sur les faux Principes et les faux Raisonnements qui se trouvent dans les Discours du Citoyen Fontanes, concernant le nouveau Code Civil de France, et les prétendus Droits du nommé Napoléon Buonaparté.*

À LONDRES:

De l'Imprimerie de Cox, Fils, et Baylis, No. 75, Great Queen Street, Lincoln's Inn Fields.

Juin 1804.

www.ingramcontent.com/pod-product-compliance
Lightning Source LLC
Chambersburg PA
CBHW060616050426
42451CB00012B/2282